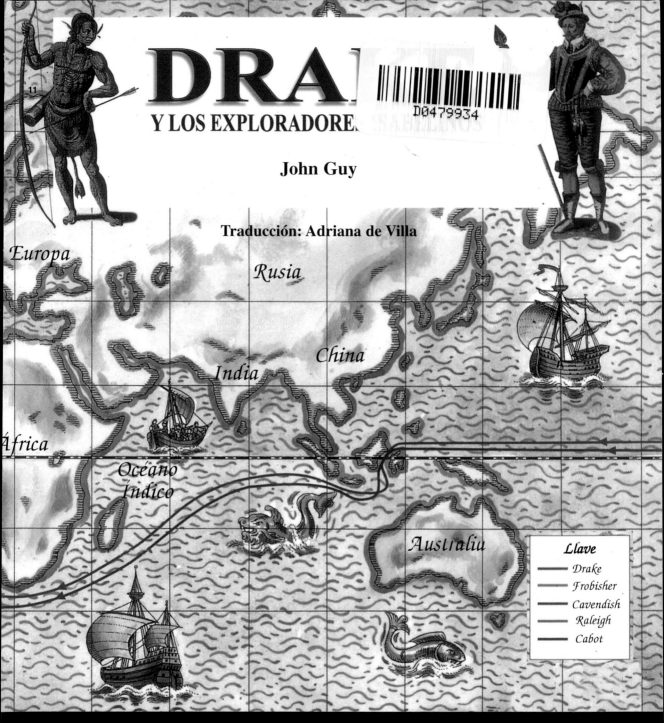

DRA[...]
Y LOS EXPLORADORE[...]

John Guy

Traducción: Adriana de Villa

Europa

Rusia

China

India

África

Océano
Índico

Australia

Llave
— Drake
— Frobisher
— Cavendish
— Raleigh
— Cabot

D0479934

Catalogación en la fuente

Guy, John
Drake y los exploradores isabelinos. -- México :
Trillas, 2001.
32 p. : il. col. ; 24 cm. -- (Grandes exploradores)
Traducción de: Drake & the Elizabethan Explorers
Incluye índices
ISBN 968-24-5976-1

1. Exploradores. 2. Descubrimientos geográficos.
I. t. II. Ser.

D- 910.92'G659d   LC- G200'G7.31

El mapa de arriba muestra los
viajes de Drake y otros
exploradores isabelinos.

EDITORIAL
TRILLAS

México, Argentina, España
Colombia, Puerto Rico, Venezuela

DRAKE: LOS PRIMEROS AÑOS

E l nombre de Sir Francis Drake se identifica mejor con la derrota de la Armada Invencible contra los ingleses, con su circunnavegación y con las historias de las incursiones heroicas contra los españoles en el Caribe. Sin embargo, como con muchos héroes, la historia es más compleja. Francis Drake nació en una modesta familia de granjeros en Devon, y quizá también se hubiese vuelto un granjero si su padre no hubiera sido un predicador seglar protestante franco que se vio forzado a dejar su hogar, con su familia, y refugiarse en Kent. Vivieron durante algunos años en un barco viejo amarrado en el río Medway que, sin duda, alimentó la imaginación del joven Francis. Estuvo de aprendiz con el propietario y capitán de un barco de cabotaje pequeño, que comerciaba entre Inglaterra y Holanda. Su primo lejano, John Hawkins, le aseguró un puesto como sobrecargo en un viaje de comercio de esclavos y pronto alcanzó el rango de capitán.

LA DEFENSA DE LA FLOTA

Cuando el padre de Drake llegó a Kent, se convirtió en predicador seglar de los marinos en Chatham Dockyard, y vivía con su familia en un barco viejo amarrado en el río Medway.
En 1560 se volvió vicario de Upchurch, un pueblo pequeño, cercano, de la ribera. El joven Francis aprendió sus primeras habilidades como marino en el Medway. La ilustración superior muestra el castillo Upnor, construido por Isabel I en 1559-1567 para defender el nuevo astillero en Chatham.

EL HOGAR DE LA INFANCIA

Francis Drake nació en una granja pequeña en Crowndale, cerca de Tavistock en Devon, entre 1539 y 1545 y, fue el mayor de 12 hijos. Su padre, Edmund, había sido marinero pero se estableció en la granja de su hermano John, en 1544. Esta estatua se erigió más tarde en Tavistock en honor a los logros de Drake.

LA ISLA DE DRAKE

A causa de los disturbios provocados por los católicos en el suroeste de Inglaterra en 1549, Edmund Drake tuvo que dejar su hogar, con su familia, y buscar refugio en la isla de San Nicolás, en el puerto de Plymouth. Desde ahí, su pariente William Hawkins arregló su traslado seguro a Kent. La isla se conoció más tarde como la isla de Drake para conmemorar el acontecimiento.

LA ARISTOCRACIA TERRATENIENTE

Después de ser armado caballero en 1581, Drake elevó su posición al reclamar ser descendiente de una familia terrateniente de Devonshire, con ese nombre. Tenía su escudo de armas expuesto a bordo de su barco, el *Golden Hind*.

SIR FRANCIS DRAKE

CRONOLOGÍA

1492
Primer viaje de Colón a las Indias Occidentales.

1519
Magallanes realiza la primera circunnavegación.

1533
Nace la Princesa Isabel (más tarde Isabel I).

1534
Primer viaje de Cartier a Terranova.

1535
Nace Martin Frobisher.

UN COMERCIO DE MISERIA

John Hawkins, una figura prominente en la armada de Isabel, comenzó su ilustre carrera (como Drake y muchos otros) en el comercio de esclavos, en 1562. El primer viaje de Drake fue como sobrecargo de un barco de Hawkins en 1566. El viaje terminó en un desastre, pero Drake continuó hasta convertirse en un oficial que servía, junto con Hawkins, en otro viaje de comercio de esclavos, y en 1568 tomó el mando de su primer barco.

REVUELTAS IRLANDESAS

En 1573, a su regreso de una incursión particularmente exitosa sobre barcos españoles en el Caribe, Drake fue obligado a ir a Irlanda en vez de regresar a casa. Isabel había acordado una paz temporal con España, y su presencia en Inglaterra habría sido una vergüenza. Permaneció ahí por tres años, ayudando a Walter Devereux, Primer Conde de Essex, para terminar con la oposición irlandesa a la colonización inglesa. La misión fracasó y, con el tiempo, llevó a una revuelta abierta, con muchos colonos ingleses asesinados.

JACQUES CARTIER (1491-1557)

Jacques Cartier fue un explorador francés, comisionado por el rey de Francia para buscar posibles sitios para nuevas colonias en Norteamérica y encontrar el Pasaje noroeste. Realizó varias excursiones memorables en vías fluviales por el noroeste de América y en 1534 circunnavegó el Golfo de St. Lawrence. Entonces se pensaba que éste era una entrada al Pacífico, pero resultó ser una enorme bahía al este de Canadá. Aquí se le ve en una expedición de 1542, tocando tierra en los bancos del imponente río St. Lawrence. Las exploraciones de Cartier llevaron a los posteriores reclamos de Francia sobre Canadá.

MARES INHÓSPITOS

Los océanos Atlántico Norte y Ártico son muy inhóspitos. Los icebergs eran un problema particular y vastas áreas se cubrían de hielo por completo en el invierno. Esto dificultó que los primeros exploradores trazaran en los mapas las costas del norte de América y Rusia. Irónicamente, lo que ninguno de ellos sabía era que la búsqueda de los Pasajes noreste y noroeste acabó por llevarlos al mismo lugar (llamado más tarde el Estrecho de Bering) que es el único pasaje al norte del océano Pacífico, entre Alaska y Siberia.

4

LA BÚSQUEDA DE LOS PASAJES NORESTE Y NOROESTE

spaña y Portugal controlaban las rutas marítimas del sur, forzando a las otras naciones a buscar una ruta alternativa para alcanzar el Pacífico y las riquezas legendarias de China y el sureste asiático. Surgieron dos posibilidades: el *Pasaje noreste*, que atravesaba las costas al norte de Rusia; y el *Pasaje noroeste*, que pasaba por las costas al norte de Norteamérica. El mismo Drake intentó inútilmente localizar el Pasaje noroeste, desde el Pacífico, en 1578. Al completar su misión de atacar los puertos españoles en la costa occidental de Sudamérica, se dirigió al norte con el fin de encontrar un camino a casa, pero se vio forzado a regresar por el Pacífico y así navegó a casa dándole la vuelta al mundo, aunque jamás fue su intención original. Varios navegantes en siglos posteriores intentaron localizar el estrecho entre Alaska y Rusia, pero ninguno pudo atravesarlo desde el noroeste. El explorador noruego, Roald Amundsen es reconocido en general como la primera persona que navegó alrededor del norte de Canadá y por el Estrecho de Bering en 1906, después de una expedición de tres años.

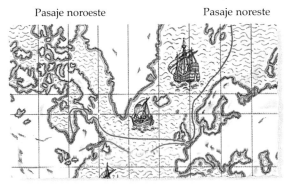

Pasaje noroeste   Pasaje noreste

Frobisher (1576)   Barents (1596)   Hudson (1610-1611)   Cartier (1534-1536)

EL COMERCIO DE PIELES

Al habérseles negado los lucrativos mercados de China y el Lejano Oriente, los comerciantes pronto notaron el potencial del comercio de pieles (y más tarde del oro) que podía encontrarse en Norteamérica. Se establecieron grandes compañías, como la Compañía de la Bahía Hudson, que obtuvo enormes ganancias comprando pieles de animales a los nativos de América, a precios muy bajos, y exportándolas después a Europa.

HENRY HUDSON

Henry Hudson (1611) fue un navegante y explorador inglés empleado por la Compañía Holandesa de las Indias Orientales para buscar el Pasaje noroeste. Después de varios intentos, alcanzó la costa norteamericana y descubrió lo que ahora se conoce como el río, estrecho y bahía Hudson. En 1611, después de permanecer bloqueados por el hielo durante el invierno, su tripulación se amotinó y lo dejaron a la deriva en un bote pequeño, con otras ocho personas, y jamás se les volvió a ver.

CERCA DEL BLANCO

Uno de los problemas que enfrentaron los exploradores del siglo XVI fue que las tierras buscadas eran desconocidas, en términos de localización y de tamaño. Cuando trazamos sus rutas, podemos ver lo cerca que estuvieron de sus objetivos en ocasiones, sin advertirlo jamás. En su viaje de regreso a casa alrededor del mundo, por ejemplo, Drake navegó en zigzag por las Indias Orientales en una búsqueda en vano del continente del sur, que lo llevó tentativamente cerca de la costa norte de Australia.

VIAJANDO CON ESTILO

El barco de Drake, en su circunnavegación se llamó originalmente *Pelican*, pero se lo cambió por *Golden Hind* en Sudamérica, antes de intentar su viaje épico por los océanos del sur. Esto fue en honor de su patrocinador Christopher Hatton, cuyo escudo de armas incluía una cierva. Drake disfrutaba de la buena vida y con frecuencia llevaba músicos para entretenerse en los largos meses a bordo del barco.

EL CENTRO DEL UNIVERSO

En la época isabelina se creía que los otros planetas de nuestro sistema solar giraban alrededor de la Tierra. Se utilizaban esferas armilares para demostrar los movimientos de los cuerpos celestes y mostrar las posiciones relativas del Ecuador, los trópicos y de los círculos Ártico y Antártico. Después de la exitosa expedición de Magallanes alrededor del mundo, se pudo calcular el tamaño de la Tierra con mayor exactitud y trazar con mayor precisión los mapas de navegación.

EL PRIMER INGLÉS EN JAPÓN

El práctico y aventurero isabelino, Will Adams, se hizo a la mar en 1598 con una expedición holandesa al sureste asiático. Sólo uno de los cinco barcos que zarparon sobrevivió, se alejó del curso y terminó por tocar tierra en Japón en 1600. Adams fue hecho prisionero y más tarde liberado con la condición de que enseñara a los japoneses su técnica como marinero. La novela de James Clavell, *Shogun*, está basada en las hazañas de Adams.

LA BÚSQUEDA DEL CONTINENTE DEL SUR

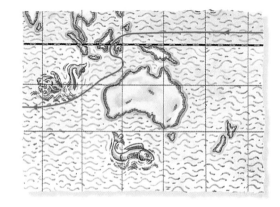

Mientras que en el siglo XVI pocos europeos sospechaban de la existencia de Norteamérica y Sudamérica (se creía que China debía estar al oeste cruzando el Atlántico), abundaban las leyendas acerca de un enorme continente en el sur, en alguna parte del Atlántico Sur, que muchos suponían, era el legendario continente perdido de la Atlántida. Se hicieron varios intentos de descubrimiento, incluso el de Drake en el viaje de regreso de su circunnavegación. Los exploradores esperaban encontrar una tierra habitada y altamente civilizada, donde podrían comerciar, pero no fue así. Al mismo tiempo, los comerciantes aventureros también buscaban forjar vínculos comerciales con el sureste asiático, en particular con las Islas de las Especias, China y Japón. El primer inglés en pisar tierra en Japón fue Will Adams. Nacido en Gillingham, en Kent, se hizo marino en el río Medway, como Drake antes de él. Para finales del siglo XVI, la época dorada de España estaba llegando a su término. La mayoría de los descubrimientos posteriores fueron hechos por expediciones inglesas, holandesas y francesas.

EL CONTINENTE PERDIDO

Aunque pocos exploradores habían hecho un escueto contacto con las islas al norte de Australia, la existencia de un continente del sur, habitado, se escapaba de los isabelinos. Tasman tocó tierra en Australia en 1642 (derecha), pero no fue sino hasta los viajes del capitán Cook, 1768-1780, que la existencia de un gran continente habitable (donde hoy se encuentra la Antártida) se descartó finalmente y se confirmó el contorno completo de Australia.

LA CIRCUNNAVEGACIÓN DE DRAKE…

Francis Drake sólo era el segundo comandante (y el primer inglés) en circunnavegar con éxito el mundo. Sin embargo, la principal razón del viaje épico de Drake no radicaba en descubrimientos científicos, sino en el comercio y el saqueo, motivados por la codicia. Entonces, España era la nación más poderosa en Europa, y custodiaba con celo las rutas marítimas a sus lucrativas colonias. Isabel I comisionó a Drake para navegar en el Atlántico Sur, por el Estrecho de Magallanes, y atacar los barcos del tesoro español y las colonias desprotegidas en la costa oeste de Sudamérica. Después continuó por el Pacífico y llegó a las Islas de las Especias de las Indias Orientales. Drake regresó a casa convertido en un hombre rico; su exitosa circunnavegación fue más que un impulso a su reputación.

EL DRAGÓN

Drake tenía una personalidad poderosa e imponía respeto adondequiera que fuese. Los nativos solían rendirle homenaje e incluso los españoles se referían a él, de mala gana, como Draque, el *Dragón*, supuestamente bendecido con poderes mágicos.

LA CIVILIZACIÓN PERDIDA

La civilización maya de Centroamérica floreció muchos siglos antes de la circunnavegación de Drake. Desarrollaron un sofisticado conocimiento de la astronomía y las matemáticas, pero no existe evidencia de que Drake trajera consigo ningún descubrimiento científico de los sitios que visitó; como los españoles, sólo saqueó sus riquezas. Esta torre redonda es un observatorio en la ciudad de Chichén Itzá, México.

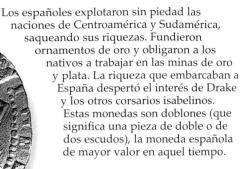

ORO ESPAÑOL

Los españoles explotaron sin piedad las naciones de Centroamérica y Sudamérica, saqueando sus riquezas. Fundieron ornamentos de oro y obligaron a los nativos a trabajar en las minas de oro y plata. La riqueza que embarcaban a España despertó el interés de Drake y los otros corsarios isabelinos. Estas monedas son doblones (que significa una pieza de doble o de dos escudos), la moneda española de mayor valor en aquel tiempo.

NUEVA ALBIÓN

Así llamó Drake a lo que hoy es San Francisco, para reparar sus barcos antes de iniciar su regreso a casa. Tenía público entre los indígenas del lugar, quienes lo invitaron a ser su rey. Él se rehusó pero reclamó el lugar para Inglaterra (llamándolo Nueva Albión), aunque jamás se estableció ahí ninguna colonia inglesa. Los españoles, quienes hicieron varias exploraciones más allá de la costa de California, fundaron una pequeña colonia de misioneros cerca de la bahía, a la que llamaron San Francisco.

REPRESALIAS

Las peligrosas represalias de los nativos que Drake y otros exploradores (y de hecho los colonizadores españoles) enfrentaron, siempre estuvieron presentes. Ahí, caníbales brasileños permiten que los misioneros bauticen a sus prisioneros pero únicamente con un trapo húmedo, con el fin de no arruinar el sabor.

EL ESPLENDOR AZTECA

La ilustración de Tenochtitlan, en México, muestra un panorama anterior a la conquista de la magnífica capital azteca. Aunque Drake jamás llegó a esta lejana tierra interior (ya que concentró sus esfuerzos en los puertos costeros), fue tan culpable como los españoles de saquear las riquezas de tales sitios antiguos, principalmente el oro.

SIR FRANCIS DRAKE

CRONOLOGÍA

1562
Primer viaje exitoso de comercio de esclavos de John Hawkins a las Indias Occidentales.

1564
Nace William Shakespeare.

1565
El tabaco es introducido por primera vez a Inglaterra, tal vez por John Hawkins.

1566
Primer viaje de Drake al Caribe, como oficial joven, en el tercer viaje de comercio de esclavos de Hawkins a las posesiones.

1568
La reina María, de los escoceses, se exilia en Inglaterra.
El viaje de comercio de esclavos de Hawkins y Drake termina en un desastre en San Juan de Ulúa,

1569
Drake se casa con Mary Newman, en St. Budeaux, cerca de Plymouth.

1570
Drake navega hacia la costa de Panamá y comienza su reinado de terror entre los barcos españoles.

1571
Isabel I abre la Bolsa Real en Londres.

1572
Drake intenta tomar el puerto de Nombre de Dios, en Panamá.

1573
España e Inglaterra acuerdan la paz; Drake tiene que permanecer escondido con sus botines de guerra.

CRONOLOGÍA

1575
Drake aparece en Irlanda como parte de la campaña del Conde de Essex.

1576
Martin Frobisher intenta encontrar el Pasaje noroeste. Drake regresa de Irlanda y planea su ataque a la costa oeste de Sudamérica (lo que se convirtió en su viaje de circunnavegación).

1577
Drake parte rumbo a su viaje alrededor del mundo. John Hawkins se vuelve tesorero de la armada hasta su muerte.

LA BÚSQUEDA DEL CAMINO A CASA

Existe cierto desacuerdo acerca de la ruta exacta que Drake tomó a casa. Algunos piensan que no tocó tierra de nuevo después de dejar Java, hasta llegar a Plymouth. Otros creen que quizá haya visitado el sur de la India antes de cruzar el océano Índico. Se le vio aquí supuestamente rindiendo homenaje a un gobernante hindú.

EL *GOLDEN HIND*

Drake se hizo a la mar partiendo de Plymouth el 13 de diciembre de 1577, con cinco barcos y una tripulación combinada de 164 personas. El buque insignia era el *Pelican*, un navío relativamente pequeño de 120 toneladas y que cargaba 18 cañones. El barco más pequeño, el *Benedict*, desplazaba sólo 15 toneladas, un navío muy pequeño para un viaje tan arduo. Cerca de la mitad del camino, Drake abandonó dos de sus barcos (tal vez a causa de la alta mortalidad entre sus tripulaciones). De los otros tres, el *Marigold* se deterioró y el *Elizabeth*, sin el conocimiento de Drake, regresó a Inglaterra sin completar el viaje. Sólo el buque insignia, renombrado *Golden Hind*, completó la circunnavegación.

ARMADO CABALLERO

Al regresar Francis Drake de su circunnavegación (1577-1580) se le dio la bienvenida de un héroe. Fue armado caballero a bordo de su barco, el *Golden Hind*, por Isabel I al año siguiente.

RESENTIMIENTO

La serpiente y las bestias aquí mostradas son de una colección de grabados realizados para conmemorar el viaje épico de Drake. La serpiente es un símbolo universal del mal y la mala suerte, particularmente entre los marineros. Los hombres de Drake habrían encontrado muchas durante el viaje, sobre todo al divisar tierra en Sudamérica, lo que los habría inquietado. Drake mantuvo su destino en secreto

para sus hombres, pero cuando se dieron cuenta de la verdad, el descontento se extendió entre las tripulaciones. Fueron incitados al motín por, el alguna vez amigo de Drake, Thomas Doughty, quien fue llevado a juicio y ejecutado.

...LA CIRCUNNAVEGACIÓN DE DRAKE

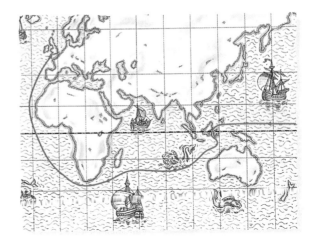

Aunque en general se le reconoce como la segunda persona en navegar alrededor del mundo (después de Magallanes, 1519-1521), de hecho Drake merece más mérito por su proeza del que a veces se le da.

Magallanes fue el primer europeo en cruzar el Pacífico, pero jamás completó la circunnavegación en persona, aunque 18 miembros de su expedición regresaron a España en su barco el *Victoria*.

Ahora parece probable que la intención original de Magallanes era navegar simplemente a las Indias Orientales vía el Pacífico, y que sólo se hizo necesario regresar a casa dándole la vuelta al mundo para escapar del ataque de los portugueses. Fue asesinado en las Filipinas después de casi completar la mitad del viaje, lo que significa que Drake fue el primer comandante en completar una circunnavegación.

ALIMENTOS NUEVOS Y EXÓTICOS

Resultaba imposible para Drake llevar a bordo todas las provisiones necesarias para su viaje, así que los víveres se completaban a lo largo del viaje con alimentos exóticos, como la piña, una fruta nativa de Centro y Sudamérica. Otros alimentos tropicales incluían cocos, plátanos y jitomates. Drake llevó, entre muchos otros, estos alimentos a Inglaterra donde pronto se buscaron con ansiedad como manjares para la mesa. Algunos podían cultivarse en Inglaterra, pero las piñas sólo sobrevivían en invernaderos. Las piñas se convirtieron en uno de los modelos favoritos para detalles arquitectónicos a partir de esta época.

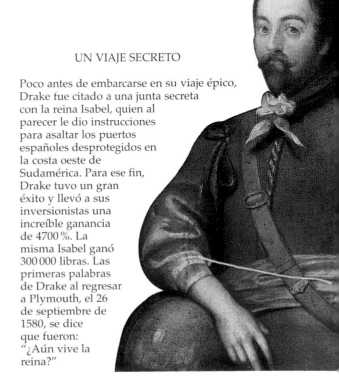

UN VIAJE SECRETO

Poco antes de embarcarse en su viaje épico, Drake fue citado a una junta secreta con la reina Isabel, quien al parecer le dio instrucciones para asaltar los puertos españoles desprotegidos en la costa oeste de Sudamérica. Para ese fin, Drake tuvo un gran éxito y llevó a sus inversionistas una increíble ganancia de 4700 %. La misma Isabel ganó 300 000 libras. Las primeras palabras de Drake al regresar a Plymouth, el 26 de septiembre de 1580, se dice que fueron: "¿Aún vive la reina?"

LAS NUEVAS COLONIAS

Imperio español
Colonias inglesas

La idea de establecer nuevas colonias alrededor del mundo llegó lentamente a los isabelinos. La motivación original para explorar nuevos países surgió primero del comercio y la necesidad de establecer nuevos mercados, y más tarde de la codicia. Incluso los españoles, que de hecho invadieron partes de Centro y Sudamérica, en un inicio pensaron poco en la colonización. Lo que ansiaban era oro. Inglaterra, Holanda y Francia los seguirían pronto y saquearían con facilidad los barcos españoles que regresaban a casa con su parte del botín. Esto fue 200 años antes de que Inglaterra hiciera cualquier intento serio por construir un imperio. Cuando lo hizo, siguió el mismo patrón de establecer colonias alrededor de los puestos comerciales, por lo que el imperio británico se dispersó por el globo terráqueo, a lo largo de las rutas comerciales, en vez de extenderse en un centro coherente.

VIRGINIA

Los primeros esfuerzos de Inglaterra por establecer colonias en Norteamérica fracasó, aunque prepararon el terreno para intentos posteriores y sentaron los cimientos de lo que algún día se convertiría en el imperio británico. Walter Raleigh estableció una colonia pequeña en la isla Roanoke (ahora parte de Carolina del Norte) en 1584-1585 y llamó al territorio Virginia, en honor de Isabel, la reina virgen. Las condiciones eran muy duras y los colonos sufrieron reacciones hostiles de los indios locales, por lo que abandonaron la colonia en 1590.

LOS CONQUISTADORES

En la primera colonización europea de Centro y Sudamérica, había dos civilizaciones dominantes: los aztecas, concentrados en lo que ahora es México, y los incas de Perú y las áreas circundantes. Aunque contaban con avances tecnológicos, ambas sociedades se basaban en la conquista y la construcción de edificios, en vez de la colonización, y exigían tributo a quienes derrotaban. Su sociedad era dominante, principalmente por los impuestos que se pagaban para las obras monumentales, y sus religiones demandaban el sacrificio de víctimas. Cuando los españoles conquistaron sus tierras en el siglo XVI, se dice que muchos de los habitantes les dieron la bienvenida, inicialmente como liberadores y no como conquistadores.

LA COLONIA FALLIDA

Después del fracaso de la colonia de Raleigh en la isla Roanoke, los isabelinos no hicieron nuevos intentos de colonización. Con el tiempo, la colonia de Virginia fue reestablecida más al norte y llamada Jamestown, en honor de Jacobo I (James I). Esta colonia tuvo más éxito, basada en el próspero comercio del tabaco con Inglaterra.

SALVADOS POR UNA PRINCESA

Uno de los primeros colonos de Virginia, el capitán John Smith, se hizo amigo de una princesa india, Pocahontas, cuyo padre era Powhattan, de quien se decía era el rey de todas las tribus indias locales, que desconfiaban de los ingleses. Powhattan decidió matar a todos los colonos blancos y regresar la tierra al dominio indio, pero Pocahontas arriesgó su vida para advertir a Smith y así evitar la masacre.

POCAHONTAS

Aunque ella salvó la vida de John Smith, él resultó herido en la lucha y poco después fue enviado a Inglaterra. Ella se casó más tarde con otro colono prominente, John Rolfe, con quien se fue a Inglaterra, donde la recibió la corte del rey Jacobo I. Pocahontas convenció a Rolfe de que la dejara regresar a América, pero en la víspera de su salida murió trágicamente (2 de mayo de 1617), de viruela o de un catarro común, a la edad de 22 años y está enterrada en Gravesend, Kent.

LA VENGANZA DE LOS INDIOS

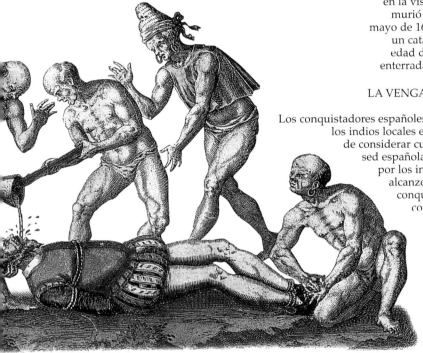

Los conquistadores españoles de Centro y Sudamérica invadieron a los indios locales en sólo dos años. Por desgracia, antes de considerar cualquier intento real de colonización, la sed española por el oro (que abundaba y era visto por los indios únicamente como decorativo) alcanzó un punto extremo. Los conquistadores saquearon abiertamente al continente, en particular a México y Perú, en su búsqueda de riquezas. Aunque primero fueron bien recibidos por los indios como sus salvadores de un rudo régimen militar, los españoles pronto tomaron ventaja y explotaron a los indios, matando y torturando a miles de ellos. Más tarde, esclavizaron a miles más en las minas de plata que descubrieron. Aquí puede verse a los indios cobrando venganza al verter oro fundido en la garganta de un conquistador capturado.

LA INVASIÓN ESPAÑOLA

Una de las razones de la rápida invasión de los españoles a los imperios azteca e inca es que muchas de las tribus indias conquistadas, hostiles a sus viejos enemigos, ayudaron activamente a los soldados españoles. Otra razón fue que los españoles usaron armas de fuego, que no se conocían en Sudamérica. Cortés conquistó la civilización azteca en 1519-1520, destruyendo por completo su capital (Tenochtitlan) en el proceso y construyendo su propia capital, la Ciudad de México, sobre sus ruinas.

LAS NUEVAS RUTAS COMERCIALES…

EL COMERCIO DE ESCLAVOS

La ocupación española del Caribe y Sudamérica había sido despiadada, y muchos nativos murieron. Muchos de los sobrevivientes mostraron ser incompetentes o reacios para trabajar, por lo que se recurrió a un mercado listo para exportar esclavos de África Occidental. Los españoles controlaban estrictamente la importación de esclavos en las colonias, pero los marineros ingleses, incluyendo a Drake y Hawkins, se involucraron en el comercio ilícito de esclavos a las posesiones españolas de ultramar y más tarde a las nuevas colonias de Norteamérica.

UNA GOLOSINA

El azúcar ya existía en Inglaterra desde antes del siglo XVI, en la forma de remolacha azucarera (un vegetal de tubérculo), pero su extracción era laboriosa. La caña de azúcar era un cultivo mucho más productivo, pero no se daría en el clima de Inglaterra. Se establecieron muchas plantaciones de caña de azúcar en las Antillas, en donde generalmente se contaba con esclavos para realizar el trabajo.

La necesidad de descubrir nuevas rutas comerciales durante el reinado de Isabel surgió de la continua guerra entre Inglaterra y España. Este era el país más rico y poderoso de Europa y ya había extendido su imperio a gran parte de las Antillas y Centroamérica, resguardando con celo las rutas marítimas del sur y del oeste.

El comercio internacional era tan importante para la economía y la sociedad isabelinas como lo es en la actualidad, así que se volvió esencial abrir nuevas rutas comerciales. Aunque navegar era muy arriesgado, aun así era preferible a la transportación por tierra, que se dificultaba por los pocos caminos y los países hostiles. Drake y los otros navegantes isabelinos comenzaron robando el tesoro español y con otros actos ostensibles de piratería, pero pronto la necesidad de abrir rutas comerciales nuevas y de más largo plazo, se convirtió en la prioridad.

LOS MARES DEL SUR DE CHINA

La apertura de nuevas rutas comerciales no carecía de problemas. A mediados del siglo XVI en adelante, el comercio entre el Lejano Oriente y Europa creció rápidamente, tanto que los barcos mercantes con valiosas cargas pronto se convirtieron en los principales blancos de los ataques piratas. Los mares del sur entre China, Japón y las Indias Orientales eran particularmente peligrosos. Algunas veces las flotas de navíos piratas atacaban los barcos mercantes. Los navíos favoritos de los piratas chinos comerciaban con cachivaches, como el aquí mostrado, y al capturarlos, eran convertidos para transportar armas. Con el tiempo, las compañías mercantiles influyentes (como la Compañía de la India Oriental), que financiaban los viajes, persuadieron al gobierno británico para proteger las embarcaciones mercantes.

RUSIA

En 1553, Sir Hugh Willoughby y Richard Chancellor intentaron descubrir el Pasaje noreste, pero se separaron: Willoughby pereció en el hielo, y Chancellor continuó hasta alcanzar la costa rusa y después viajó por tierra a Moscú, al año siguiente. Entabló relaciones comerciales (principalmente en pieles) entre Rusia e Inglaterra, pero murió en Escocia en un viaje de regreso, en 1555.

ALIMENTOS EXTRAÑOS

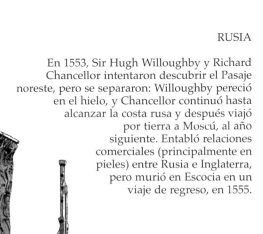

Muchos de los alimentos traídos por los navegantes isabelinos no eran vistos más que como curiosidades interesantes, como el jitomate (ángulo inferior derecho). Otros, como la papa, pronto pasaron a ser alimentos preferidos en la mesa, para complementar con frecuencia, la limitada dieta en esa época. Sin embargo, en general eran bastante caros, por lo que se consideraron un manjar, hasta que los botánicos lograron aclimatar las plantas en Inglaterra. La introducción de las especias culinarias traídas del exterior fue bienvenida. La gran variedad de chiles de América (izquierda), se usaban para disimular el sabor rancio de la comida isabelina, mientras que de las Indias Orientales provenían condimentos como el clavo. Durante la circunnavegación, Drake tuvo que llevar a bordo muchos alimentos exóticos y extraños para sostener a su tripulación. Entre éstos se encontraba la palma del coco, que los nativos usaban como una principal fuente de alimento, obteniendo aceite del coco. Drake llevó esta fruta a Inglaterra y la ofreció a Isabel como un recuerdo de su viaje. La planta del tabaco (arriba a la derecha) vino de Norteamérica, donde los indios nativos la fumaban en pipas de arcilla. Originalmente se utilizaba como medicina para purgar al cuerpo de las flemas.

…LAS NUEVAS RUTAS COMERCIALES

SIR THOMAS GRESHAM (1519-1579)

El costo de los viajes al extranjero era muy alto y no podría haberse sobrellevado sin el respaldo financiero de los ricos comerciantes. Uno de los más destacados era Sir Thomas Gresham, quien fundó la Bolsa Real en Londres.

*L*as expediciones isabelinas alcanzaron destinos tan lejanos como Rusia, Estados Unidos y Canadá, en el norte, y Sudamérica, África y Asia, en el sur, buscando nuevas rutas comerciales. Su logro fue aún más increíble debido al largo tiempo que tomaba completar los viajes en navíos pequeños, que a menudo cruzaban mares inhóspitos. La importancia de abrir nuevas rutas comerciales a Asia y las Indias Orientales era primordial para los aventureros comerciantes isabelinos. Las especias eran el producto más apreciado y valioso, alcanzando precios muy altos en los mercados europeos.

La vista aquí mostrada es de la costa tropical de Ceilán, hoy Sri Lanka, en la costa sureste de la India.

LOS COMIENZOS DE UN IMPERIO

La India y Ceilán eran conocidos por los exploradores europeos desde al menos la época de Marco Polo (1295), y debían ser familiares a los marinos isabelinos en sus frecuentes visitas a las Islas de las Especias. Como en todos lados, el interés principal de los isabelinos era establecer nuevas rutas comerciales, pero con frecuencia se topaban con nuevas y extrañas culturas, desde los médicos brujos indios, en Norteamérica (aquí mostrados), hasta las antiguas y sofisticadas culturas de Asia. En 1601, la Compañía de la India Oriental recibió su cédula real, marcando así el comienzo de las primeras demandas de la Gran Bretaña de construir un imperio.

LA VIDA A BORDO

La vida en un barco de época isabelina era durísima y la paga (que solía retrasarse) muy pobre. Pero frente a la vil miseria que había en tierra en una época cuando gran parte de la gente del campo era expulsada de su tierra a la fuerza, por las cambiantes prácticas de cultivo, la mayoría tenía pocas opciones. Una buena proporción de la tripulación de un barco eran criminales que escapaban de la justicia, lo que con frecuencia conducía a problemas de indisciplina. La tasa de mortalidad entre una tripulación promedio era muy alta, y se consideraba normal que un barco regresara al puerto con sólo una cuarta parte de la tripulación. Para asegurarse de tener suficientes hombres para el viaje de regreso, la mayoría de los capitanes se excedían al contratar una nueva tripulación, pero esto ocasionaba problemas de sobrepoblación y racionamiento de comida. Las condiciones a bordo eran de muy poco espacio, cada hombre dormía por lo general en una hamaca colgada entre las cubiertas, en su lugar de trabajo, y el servicio de baño prácticamente no existía.

APRENDIZ DE TODO Y OFICIAL DE NADA

La tripulación de un barco isabelino tenía que ser del todo autosuficiente, ya que solían estar a la mar durante varios años y podían transcurrir muchos meses entre los desembarcos. Además de saber manejar el barco, los marineros debían dominar otros oficios esenciales, como la carpintería, hacer velas y cuerdas, y cocinar.

LA EMBRIAGUEZ

Uno de los problemas más comunes que enfrentaba cualquier capitán al mando de un barco isabelino, en un viaje largo, era el aburrimiento y el comportamiento indisciplinado de su tripulación. Con un suministro pobre de agua, la única bebida disponible era la cerveza (un galón al día por cada miembro) u otros alcoholes más fuertes, que a menudo llevaban a la embriaguez, no sólo a bordo sino también en el puerto. La disciplina era necesariamente muy dura con el fin de evitar accidentes potencialmente fatales en el mar.

ENFERMEDAD

La enfermedad más común a bordo de un barco era el escorbuto, una deficiencia de vitamina C, provocada por la falta de fruta y vegetales frescos. Los síntomas incluían sangrado dentro de la piel y pérdida de los dientes. La resistencia a las infecciones también se veía disminuida, lo cual causaba la muerte si no se trataba. Todos los barcos cargaban con su porción de ratas, que podían provocar enfermedades infecciosas, como la peste. Otras enfermedades comunes eran la malaria, la tifoidea y la disentería.

EL ARCÓN CHATHAM

Después de la Armada de 1588, resultaron heridos y lisiados tantos marinos, que Sir John Hawkins estableció el arcón Chatham, la primera caridad para los marinos. Todos los marineros de la armada debían pagar seis peniques de su salario al mes para fines de asistencia. Este es el arcón de 1625.

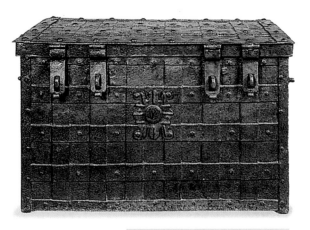

EL ARTE DEL ARTILLERO

La mayoría de los barcos isabelinos transportaban cañones (aquí se muestra un mortero), por lo general de hierro fundido o bronce. Se montaban sobre cureñas y se aseguraban firmemente con cuerdas tanto para evitar el culatazo al disparar como para evitar que se fueran a la deriva en mares tempestuosos. Se utilizaban principalmente para inutilizar un barco antes de abordarlo.

SALUD Y SEGURIDAD

La salud y la seguridad de la tripulación de un típico barco isabelino eran, sin exagerar, extremadamente riesgosas. Había muchos accidentes al realizar las tareas diarias de navegación. Las heridas producidas durante encuentros con navíos enemigos eran terribles. La mayoría de los barcos llevaban un cirujano, pero el tratamiento que podía administrar era limitado y muy rudimentario. Con mucho, el tratamiento más común era la amputación de los miembros muy lastimados o infectados. No existía la anestesia (más que emborrachar al paciente) y la tasa de supervivencia era muy baja. Muchos de aquellos que sobrevivían a la cirugía morían de gangrena poco después.

EL SUSTENTO DIARIO

Toda la comida del barco se preparaba en la galera y se distribuía entre la tripulación. La comida rara vez estaba fresca, y consistía en un panecillo, carne o pescado salados, complementado con queso o gachas, una especie de mezcla de avena. El agua para beber era en general escasa, pero la mayoría de los barcos llevaba una buena cantidad de cerveza. Estas piezas de vajilla fueron rescatadas del barco *Mary Rose*, de Enrique VIII, y son típicas del periodo Tudor.

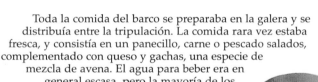

LA NAVEGACIÓN

En estas épocas del radar, de tecnología computarizada y de satélites, es fácil subestimar las grandes destrezas de navegación de los marinos isabelinos. Ellos navegaban en mares inhóspitos y tenían que estimar su posición lo mejor que pudieran, guiándose sólo con la posición de los cuerpos celestes. Hasta el desarrollo de instrumentos más refinados, como el cronómetro, a mediados del siglo XVIII, la navegación era una ciencia inexacta y dependía mucho de la capacidad de observación del individuo. No es necesario decir que había bastantes accidentes, sobre todo si los barcos eran sacados de curso por el mal tiempo y llevados a aguas desconocidas.

GUIADOS POR LAS ESTRELLAS

Durante el siglo XVI, la ballestilla se usaba comúnmente para medir la latitud de un barco (la posición norte-sur) en la noche. Comprendía dos piezas de madera, parecidas a una ballesta, con escalas graduadas marcadas a lo largo. Al observar el ángulo entre el horizonte y la estrella del Norte (o polo) y hacer una interpretación de la escala, con una lectura del compás, se podía calcular la posición aproximada del barco. Aquí se muestra un *buckstaff*, inventado alrededor de 1594, para medir la altura del Sol con el mismo propósito.

EL ESPEJO DEL MARINERO

Después de la circunnavegación de Magallanes, y más tarde, la de Drake, pudo calcularse con mayor precisión el tamaño de la Tierra, lo que llevó a su vez a la producción de cartas de navegación más precisas. El primer atlas marítimo publicado en Inglaterra en 1588 fue *El espejo del marinero*. Consistía en una colección de mapas y cartas de navegación de origen holandés, que mostraban las costas conocidas del mundo. En aquella época, los holandeses eran aliados de los ingleses contra España, y estaban en la vanguardia en técnicas de navegación.

MAGNETITA

Uno de los principales problemas de los navegantes isabelinos era calcular con precisión la longitud de un barco (la posición este-oeste). Aquí, el matemático y astrónomo Flavius intenta realizarlo haciendo flotar un pedazo de magnetita (una forma de óxido de hierro) en un tazón con agua, al tiempo que realiza cálculos.

ORIENTACIÓN CON EL SOL

Esta ilustración muestra a un navegante isabelino intentando calcular la latitud del barco con un compás y una de las primeras formas de cuadrante para medir el ángulo de los rayos solares. Sin embargo, era necesario aguardar el momento preciso para asegurar cálculos exactos, ya que cuando mucho sólo podía obtenerse una posición aproximada del barco. El primer reloj marítimo (cronómetro) se desarrolló con éxito en 1759.

EL CUADRANTE DE DRAKE

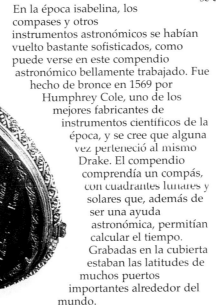

En la época isabelina, los compases y otros instrumentos astronómicos se habían vuelto bastante sofisticados, como puede verse en este compendio astronómico bellamente trabajado. Fue hecho de bronce en 1569 por Humphrey Cole, uno de los mejores fabricantes de instrumentos científicos de la época, y se cree que alguna vez perteneció al mismo Drake. El compendio comprendía un compás, con cuadrantes lunares y solares que, además de ser una ayuda astronómica, permitían calcular el tiempo. Grabadas en la cubierta estaban las latitudes de muchos puertos importantes alrededor del mundo.

SIR FRANCIS DRAKE

CRONOLOGÍA

1583
Sir Humphrey Gilbert reclama Terranova para Ingaterra.

1584
Walter Raleigh establece la primera colonia en Virginia.

1585
Drake saquea Santiago. Drake zarpa hacia las Antillas, su primer puesto como almirante.

1587
La reina María de Escocia, es ejecutada.

ORIENTARSE

Los antiguos chinos descubrieron que la magnetita es magnética, y si se suspende de una cuerda, siempre apuntará al norte. Los primeros navegantes hicieron buen uso de este material natural, pero era algo rudimentario. En el siglo XII los navegantes europeos descubrieron que una aguja podía magnetizarse de manera similar al golpearla con una magnetita. Con el tiempo, este descubrimiento llevó al desarrollo de compases más sofisticados y precisos, con la aguja balanceada en un pivote central. El ejemplo aquí mostrado está revestido por un tazón de marfil y data de 1580, aproximadamente.

BATALLA CAMPAL

El comandante de la flota inglesa
enviado para detener a la Armada
Invencible fue Lord Howard de
Effingham. Una batalla campal de una
semana tuvo lugar en el Canal de la
Mancha pero los ingleses no pudieron
detener el avance de los españoles.
No obstante, la batalla se inclinó a
favor de los ingleses cuando Drake
lanzó ocho brulotes contra
la Armada en Gravelinas
(al norte de Calais),
que pusieron a los españoles
en una situación caótica. Al día
siguiente, la Armada fue
derrotada y huyó
al Mar del
Norte.

LA ARMADA INVENCIBLE

espués del rompimiento de Enrique VIII con la Iglesia de Roma, en 1533, Inglaterra estuvo bajo constante amenaza por parte de los países católicos de Europa con el fin de reestablecer la autoridad papal. España estaba particularmente molesta por los actos de piratería de los aventureros ingleses sobre sus barcos, en especial durante el reinado de Isabel I, por lo que requerían de poca persuasión para lanzar una ofensiva contra Inglaterra. En julio de 1588, una armada de 138 barcos y 24 000 hombres fue enviada para invadir Inglaterra.

MEDALLA DE LA ARMADA

Esta medalla de oro, que conmemora la victoria de Inglaterra sobre la Armada, se otorgó a cada capitán de fragata de la flota inglesa.

LA ARMADA SE APROXIMA

Según una leyenda no corroborada, se supone que Drake insistió en terminar su juego de bolos antes de hacerse a la mar. La Armada Invencible creaba un espectáculo formidable conforme avanzaba lentamente hacia el Canal de la Mancha. La flota inglesa se vio obstaculizada por la marea para entrar con rapidez a mar abierto, pero el osado arte de navegar de Drake, del vicealmirante John Hawkins, de Martin Fröbisher y de muchos otros finalmente triunfó.

DRAKE: SUS ÚLTIMOS AÑOS

EL ÚLTIMO VIAJE DE DRAKE

El último viaje malaventurado de Drake tuvo lugar en 1595-1596. A él y John Hawkins se les ordenó atacar Puerto Rico, para cortar con el suministro de los barcos del tesoro de España. Desde un principio hubo fricción entre los dos almirantes, lo que llegó a un punto crítico cuando Drake decidió hacer una excursión a las Islas Canarias (arriba) por provisiones. El ataque fracasó, pero lo peor aún estaba por venir. Un barco mensajero fue enviado de las Islas Canarias para advertir al gobernador de Puerto Rico del futuro ataque. Las defensas de la isla eran escasas y tal vez habrían sucumbido al ataque de Drake y Hawkins. Pero con la advertencia de dos semanas de anticipación, los españoles pudieron hacer las preparaciones necesarias y así el ataque inglés fracasó estrepitosamente. Hawkins murió antes de lanzar el ataque y Drake cerca de un mes más tarde, de disentería, el 25 de enero de 1596, en Portobelo.

Aunque con frecuencia se ha acusado a Drake de ser un tarambana, que era un poco mejor que un pirata legalizado, actuando como agente de la reina Isabel en su guerra contra España, tal crítica sea quizá un poco dura. Él era, un hombre honorable, que cuidaba bien sus tripulaciones, aunque a veces con dureza. Por supuesto, ansiaba las mejores cosas de la vida, y después de ser armado caballero en 1581, se veía a sí mismo como un miembro de la nueva aristocracia. Esto le trajo muchos enemigos entre aquellos con títulos heredados. Después de su circunnavegación, se convirtió en alcalde de Plymouth e hizo campañas para muchas mejoras del pueblo, incluso un mejor suministro de agua. Hombre bajo y fornido; se dice que se volvió muy corpulento en sus últimos años, y se estableció en un semirretiro en la Abadía de Buckland, cerca del lugar donde nació. Ésta había sido expropiada por la corona en la disolución y convertida en una residencia por Sir Richard Grenville.

EL TAMBOR DE DRAKE

Lleva mi tambor a Inglaterra, cuélgalo en la costa,
golpéalo cuando tu poder se esté desvaneciendo
si los redobles llegan a Devon, dejaré el puerto del cielo,
y los tocaré hasta el Canal como lo hicimos hace mucho tiempo.

Estas líneas son un extracto de un poema de Sir Henry Newbolt. El tambor se usó en el *Golden Hind* para congregar a la tripulación para la batalla. En su lecho de muerte, según la leyenda, Drake prometió regresar a luchar por Inglaterra si alguna vez se golpeaba el tambor al acercarse el enemigo.

UN ESTRATEGA BRILLANTE

A lo largo de su ilustre carrera, Drake provocó el temor en los corazones de los españoles. En 1587, lanzó un ataque impecable sobre el puerto de Cádiz, donde se dice que "quemó las barbas del rey de España", al destruir 37 (según los españoles eran 24) galeones reunidos para formar una armada que sería enviada contra Inglaterra. Al año siguiente, por supuesto, desempeñó un papel fundamental al derrotar a la Gran Armada, y era además una amenaza constante para los barcos españoles en el Caribe. Un navegante experto revolucionó la estrategia naval, al llevar la lucha al enemigo. Cuando Felipe II de España escuchó noticias acerca de su muerte, se dice que se regocijó abiertamente.

CAÍDO DEL FAVOR DEL REY

En 1583 murió la primera esposa de Drake, y poco después se casó con Elizabeth Sydenham, quien le sobrevivió, pero no tuvo hijos con ninguna de las dos. Se comprometió en algunas expediciones luego de su circunnavegación, pero gradualmente se retiró, en parte, después de la derrota de la Armada en 1588 y pasó más y más tiempo en Londres, en la corte, o en sus nuevos deberes oficiales en Plymouth. Durante ese tiempo más bien cayó de la gracia del Rey, y Martin Frobisher lo remplazó como la estrella brillante de Isabel.

LOS EXPLORADORES ISABELINOS

*L*a época del descubrimiento por los exploradores europeos comenzó realmente en Portugal, en 1415, con el príncipe Enrique, conocido como Enrique el *Navegante*, quien envió barcos para explorar las costas norte y oeste de África, que llevaron riquezas como el marfil a Portugal. Vasco de Gama (*c.* 1460-1524), también portugués, rodeó el Cabo de Buena Esperanza, en el extremo sur de África, y continuó hasta abrir la primera ruta marítima a la India. Exploradores portugueses posteriores descubrieron las rutas a Japón, el sudeste asiático y Sudamérica, lo que convirtió pronto a Portugal en una de las naciones más ricas de Europa. España, y más tarde Inglaterra, emuló estos primeros viajes en su sed de oro y otras riquezas, la mayoría de las cuales (excepto en el Lejano Oriente) fueron saqueadas por los nativos de los países que visitaron. Fuera de los avances realizados al compilar cartas de navegación más precisas, se reunió muy poca información científica en estos primeros viajes, motivados ante todo por el dinero y el comercio.

LA INFLUENCIA ÁRABE

Los exploradores árabes del norte de África extendieron mucho su imperio del siglo VI al XIII, hasta el norte de España. Surcaron el Mediterráneo y el Índico en botes pequeños. Desarrollaron equipo astronómico sofisticado, como el astrolabio, que influyó bastante en los marinos europeos.

JOHN CABOT (*c.* 1450-*c.* 1499)

La búsqueda de nuevas rutas comerciales en la Inglaterra de los Tudor comenzó en realidad con Enrique VII, quien consideró patrocinar a Cristóbal Colón en su viaje de descubrimiento al Nuevo Mundo, pero optó por financiar una expedición del italiano John Cabot, quien intentó encontrar una nueva ruta a China y a las Islas de las Especias, vía el legendario Pasaje noroeste. Creía que había alcanzado China cuando tocó tierra, pero era la costa de Terranova. Aquí lo vemos partiendo de Bristol en 1497.

LOS MISIONEROS DE LA IGLESIA

Aunque el objetivo principal de los primeros exploradores fue el dinero, sin ningún interés por la colonización, la Iglesia tenía diferentes perspectivas. A unos años de las primeras expediciones, se enviaron misioneros cristianos para convertir a los nativos paganos. Muchos cayeron víctimas de los indios, como los misioneros franciscanos aquí mostrados, que son devorados por caníbales norteamericanos.

LOS CONSTRUCTORES DE BUQUES

Una de las razones de la superioridad de Inglaterra sobre España en el mar, es el diseño de sus barcos de guerra. Sir John Hawkins era responsable de los nuevos y revolucionarios diseños introducidos por Matthew Baker y Peter Pett, que transformaron a la armada inglesa. Los nuevos barcos eran más pequeños y de líneas más aerodinámicas que los pesados e incómodos galeones españoles. Eran bajos de la proa, pero altos en la popa, lo que los hacía mucho más maniobrables.

GLOBO CELESTE

Este globo celeste de origen flamenco, de *c.* 1537, muestra un conocimiento algo limitado de las constelaciones en los cielos del hemisferio Sur, en la época de los Tudor. La información reunida de los viajes alrededor del mundo de Magallanes, Drake y Cavendish se agregó después, pero este desconocimiento hacía particularmente riesgoso cualquier viaje en los océanos del sur.

SIR FRANCIS DRAKE

CRONOLOGÍA

1587
Los españoles deciden lanzar una ofensiva contra Inglaterra.
Drake saquea el puerto de Cádiz, "quemando las barbas del rey de España".

1588
La Armada Invencible es enviada contra Inglaterra y derrotada en el Canal de la Mancha, después de una batalla de una semana.

1591
Sir Richard Grenville del *Revenge* muere después de ser superado en número por una flota española, en las Azores.

NO SE FUMA SIN FUEGO

Mientras Raleigh es popularmente reconocido por introducir las papas y el tabaco del Nuevo Mundo a Inglaterra, este honor suele otorgarse a su contemporáneo Sir John Hawkins, quien puso de moda fumar en la corte, donde era uno de los consentidos de Isabel I. El tabaco solía fumarse en largas pipas de arcilla, similares a las pipas de los indios americanos. Aquí se ve a Raleigh empapado de agua por uno de sus sirvientes, ¡quien creyó que se estaba quemando!

SIR WALTER RALEIGH
(*c.* 1552-1618)

Sir Walter Raleigh fue soldado, cortesano y explorador. Era un partidario entusiasta de establecer colonias inglesas en el Nuevo Mundo, incluyendo Virginia, pero todas fracasaron. Cuando Jacobo I subió al trono fue acusado de traición y hecho prisionero.

SIR JOHN HAWKINS (1532-1595)

Sir John Hawkins, un pariente lejano de Drake, era el responsable de modernizar la armada de Isabel y desempeñó un papel importante en la derrota de la Armada Invencible. Después de su triunfo, gran parte de la tripulación no recibió su pago y, junto con Drake, creó un fondo para los marinos en apuros, llamado el arcón Chatham. Se dice que introdujo la papa y el tabaco a Inglaterra. Murió en 1595 durante su último y desafortunado viaje con Drake, al Caribe.

SIR FRANCIS DRAKE

CRONOLOGÍA

1593
Batalla de Ballishannon, en Irlanda.

1594
Muere Martin Frobisher.

1595
Drake zarpa para atacar Puerto Rico (su último viaje), con John Hawkins. Muere Sir John Hawkins.

1596
Drake muere de disentería en Portobelo, en el Caribe.

LA BÚSQUEDA DE *EL DORADO*

En 1616, cuando aún estaba en prisión, Raleigh persuadió a Jacobo I de dejarlo dirigir una expedición (su segunda) al río Orinoco en Guyana, para buscar el legendario *El Dorado* (la ciudad del oro). El viaje fracasó y Raleigh regresó humillado a casa. Fue ejecutado en 1618 bajo los términos originales de su sentencia.

…LOS EXPLORADORES ISABELINOS…

n el siglo XV, el mundo se encontraba mucho más fragmentado de como lo conocemos hoy. Las civilizaciones más avanzadas se encontraban en África del Norte, el Mediterráneo, China y la India, pero cada una de ellas sabía muy poco de las otras. Entonces, pocos europeos tenían conciencia del mundo más allá de Europa. Abundaban las leyendas e historias de los viajeros, así que hasta a aquellos que se aventuraban en explorar lugares más lejanos se les creía poco. Una gran parte del Atlántico permanecía sin explorar, y la existencia de América y del Pacífico no se había comprobado. Gran parte del mundo seguía siendo un misterio, sin cartas de navegación ni mapas. Para los valientes aventureros, salir en sus viajes de descubrimiento, con sólo algunas técnicas de navegación limitadas, era un viaje a lo desconocido, comparable a las actuales exploraciones espaciales a la luna y más allá.

SIR RICHARD GRENVILLE (c. 1541-1591)

Sir Richard Grenville era otro defensor de la colonización del Nuevo Mundo en vez de sólo hacer incursiones piratas a los barcos del tesoro español. Es más recordado por su aguerrida batalla de las flores en las Azores, en 1591. Era capitán del *Revenge*, antiguo barco insignia de Drake contra la Armada, y cuando se encontró rodeado por los navíos españoles, insistió en continuar la lucha solo. Un hombre duro y arrogante, fue herido fatalmente y ordenó hundir el barco en vez de entregarse a los españoles, pero su tripulación insistió en rendirse. Grenville murió poco después a bordo del barco insignia español.

SIR HUMPHREY GILBERT
(c. 1539-1583)

Sir Humphrey Gilbert era otro partidario de establecer colonias inglesas en el Nuevo Mundo. En 1578 recibió cartas patentadas por la reina, que lo autorizaban a colonizar nuevas tierras. Por último, en 1538, reunió suficiente apoyo y zarpó hacia Terranova. En St. John, un puerto ya floreciente, reclamó formalmente el territorio para Inglaterra. Murió en el camino a casa, dejando que su medio hermano, Walter Raleigh, terminara la tarea.

...LOS EXPLORADORES ISABELINOS

Para los observadores modernos de los viajes isabelinos de descubrimiento, resulta difícil comprender la grandeza de la empresa y percibir un patrón de las exploraciones. En realidad, nunca hubo un plan coherente. Dado que la mayoría de los países europeos estaban en guerra entre sí, cada uno actuó de manera muy independiente. La exploración del mundo fue, por tanto, un poco más que una carrera por las riquezas robadas a las sociedades primitivas, o para establecer acuerdos comerciales con las comunidades desarrolladas. Inglaterra aún tenía cierto poder en Europa, y las ideas como los descubrimientos científicos, e incluso el imperio, llegaron mucho después. Aparte del obvio pillaje, la propagación de las enfermedades también se convirtió en uno de los principales problemas. Después de 300 años, aún podemos ver la influencia europea en todo el mundo, ayudando a hacer de éste un lugar más pequeño y más unificado, aunque ello difícilmente pudo haber sido la intención de aquellos primeros aventureros mercantes, que se hicieron a la mar en sus viajes a lo desconocido.

SIR MARTIN FROBISHER (c. 1535-1594)

En 1576, Martin Frobisher se hizo a la mar para descubrir el Pasaje noroeste y una ruta comercial a China. Fracasó en ello y en dos intentos subsecuentes, pero hizo muchos descubrimientos importantes en el océano Ártico, incluso la isla Baffin. Junto con Drake y Hawkins, fue también una figura clave en la derrota de la Armada Invencible en 1588. Murió de gangrena por una herida de bala, durante la batalla para liberar el puerto de Brest, al norte de Francia, de manos españolas.

EXTRAÑOS PANORAMAS

Los exploradores del siglo XVI se encontraron con extraños panoramas en sus intrépidos viajes, incluso muchas culturas extrañas así como plantas y animales jamás vistos por los europeos. Estas mujeres (que se cree provienen de Java) se están matando después de la muerte de su rey, un acto atestiguado por Cavendish en su viaje de circunnavegación (1586-1588).

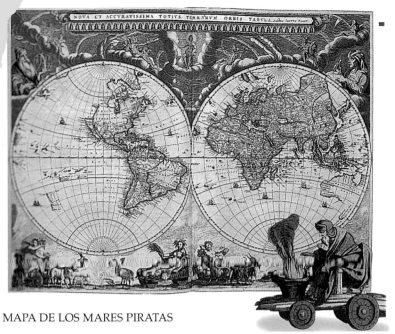

MAPA DE LOS MARES PIRATAS

Las primeras expediciones de los marinos ingleses fueron algo más que actos de piratería legalizados. Isabel I ordenó a sus capitanes de mar interceptar tantos barcos del tesoro español como fuese posible y robar su oro. Después, cuando las expediciones se volvieron más justificadas, los mares quedaron infestados de piratas, asesinos oportunistas que atacaban cualquier barco y saqueaban su cargamento.

LOS ARMAMENTOS

La mayoría de los barcos del siglo XVI transportaban pocas armas, similares a este cañón de bronce, rescatado de los restos del *Mary Rose*, hundido 1545. Fue uno de los primeros barcos de guerra ingleses en ser equipado con cañoneras en ambos lados. Los cañones de este tipo eran manufacturados por lo general de hierro o bronce y fueron el principal armamento en los barcos de guerra durante los siguientes 300 años.

THOMAS CAVENDISH (1560-1592)

Poco después del regreso de Drake de su circunnavegación, Thomas Cavendish fue comisionado para emular su viaje épico. Completó el viaje en menos tiempo que Drake (1586-1588), pero siguió en gran parte la misma ruta. El suyo quizá haya sido el primer viaje intencional de circunnavegación. Los viajes de Magallanes y de Drake parecen haber tenido otros motivos, al menos inicialmente, y ambos fueron forzados a completar su circunnavegación en la ruta más segura a casa. En 1591, Cavendish zarpó a las Indias Orientales, pero el viaje terminó en desastre. A su paso por el Estrecho de Magallanes, para alimentarse, los hombres mataron pingüinos que, ya podridos, infestaron el barco de gusanos. Poco después brotó un escorbuto particularmente grave, matando a casi 75% de la tripulación.

SIR FRANCIS DRAKE

CRONOLOGÍA

1598
Muere Felipe II, rey de España.

1600
Will Adams se convierte en el primer inglés en pisar tierra en Japón.

1603
Muere Isabel I (última monarca de la casa Tudor) y es sucedida por Jacobo I.

1603
Raleigh es arrestado por traición.

1609
Primera expedición de Hudson a Norteamérica.

1616
Raleigh intenta descubrir *El Dorado*, pero fracasa y regresa a Inglaterra humillado.

1618
Sir Walter Raleigh es acusado de traición y ejecutado.

¿SABÍA USTED?

¿Cómo obtuvieron su nombre las Islas de las Especias? Una de las principales atracciones para los exploradores isabelinos que buscaban nuevas rutas comerciales, eran las especias del Oriente. Los grupos de islas que forman las Indias Orientales (que incluyen los grupos de islas Molucas, Filipinas y Melanesias) eran sobre todo ricas en tales productos y se conocían en conjunto como las Islas de las Especias.

Que de todos los continentes, ¡la Antártida es el más frío, seco, alto y ventoso! Mide una vez y media el área de Estados Unidos (cerca de 5.5 millones de millas cuadradas) y representa una décima parte de la masa terrestre. Casi 98% de la Antártida está cubierta de hielo, hasta de una milla y media de grueso en algunos lugares. Los exploradores isabelinos buscaron en vano una masa de tierra habitable en los océanos del sur, que no se descubrió sino hasta 1820, cuando Edward Bransfield tocó tierra en parte de la península de la Antártida.

¿De dónde proviene el término "una comida cuadrada"? No se sabe cuándo se usó el término por primera vez, pero desde la época de los Tudor, al menos, las comidas a bordo de un barco se servían en platos cuadrados, que los marineros sostenían en sus regazos. Tenían marcos alrededor de la orilla para que no se cayera la comida, y estaban hechos de forma tal que se podían guardar fácilmente cuando no se utilizaban. Cada marinero recibía su ración, o comida cuadrada, para el día.

¿Cómo obtuvo su nombre América? América fue bautizada en honor del navegante y cartógrafo del siglo XVI, Américo Vespucio. Italiano de nacimiento, en 1508 fue nombrado piloto real mayor de España. Todos los capitanes españoles tenían que proporcionarle toda clase de detalles cada que emprendieran un viaje nuevo con el fin de que constantemente pudiera mejorar y actualizar su colección de cartas marítimas. Realizó varios viajes al Nuevo Mundo (principalmente en 1499-1500) y alguna vez se le atribuyó el descubrimiento de América. Aunque esto no fue cierto, fue el primero en considerarlo como un continente independiente y no como parte de Asia. Después se conoció como la tierra de Américo, en su honor.

¡Que aún se siguen creando leyendas relacionadas con el tambor de Drake! (véase pág. 24). Durante la Segunda Guerra Mundial circularon historias de buques de guerra que supuestamente llevaban el tambor de Drake y que fueron salvados por milagro después de escucharse los fantasmales sonidos del tambor. En verdad, el tambor nunca se ha llevado a bordo de ningún barco desde su regreso a Inglaterra en el siglo XVI, y durante la Segunda Guerra Mundial estuvo guardado por seguridad. Los barcos tal vez llevaban réplicas, pero no el original, lo que muestra con cuánta facilidad pueden generarse las historias, en especial si pasan de boca en boca.

¡Qué todavía se utilizan las estrellas para navegar! Resulta fácil suponer que a causa de que las técnicas de navegación antiguas eran relativamente simples, también eran poco precisas. Esto no es necesariamente cierto, aunque los resultados necesitan registrarse con precisión y verificarse que son útiles. En 1967, los astrónomos descubrieron pulsares, estrellas condensadas en rotación rápida (formadas de estrellas muertas) que emiten ondas de radio, o pulsos, como rayos de luz detectables. Palpitan a velocidades fijas, por lo que pueden usarse para propósitos de navegación en programas espaciales futuros.

RECONOCIMIENTOS

Asesor de edición: Pieter van der Merwe, National Maritime Museum. También agradecemos a: Graham Rich, Peter Done y Elizabeth Wiggans por su ayuda, así como a David Hobbs por su mapa del mundo. Investigación de las ilustraciones por Image Select.

Créditos de las fotografías: s = superior, i = inferior, c = centro, iz = izquierda, d = derecha, p = portada, pi = portada interior, cp = contraportada.

Aisa (Barcelona): pi y 1siz, 12siz. Ann Ronan/Image Select (Londres): 18/19ci. Bridgeman (Londres): 3siz, 3iiz, 25cd, 28ci. The Golden Hind Ltd (Londres): 10/11c y p. Image Select: 8iiz, 15sd. Mary Evans Picture Library: 1sd, 3cd, 4s, 5id, 6c, 6sd, 6/7c, 6/7ci, 7id, 8/9ci, 9ci, 10s, 10iiz, 12iiz y 13id, 13s, 12/13ci, 14siz, 14iiz, 15cd, 16/17 (2o. plano), 16s, 17siz, 18siz, 18iiz, 19c, 21sd, 20/21cs, 22sd y p, 24siz, 24/25c, 25sd, 26iiz, 28siz, 28sd, 28/29ci, 30/31ci, 31id y cp, 32. National Maritime Museum (Londres): pi, 25iz, 25sd, 32, 2id, 3iiz, 5ciz, 8ciz, 10id, 11id, 12/13c, 14/15c, 18/19cs, 19sd, 20siz, 20/21c y p, 21id, 20iiz, 22/23 (2o. plano), 23sd, 22cd, 24iiz, 26siz, 1id y 26/27ci, 27s, 28siz, 28c, 29d, 30iz, 30/31c, p y 31s. PIX: 4id, 9c. Spectrum Colour Library: 13sd. Cortesía de The Ulster Museum (Belfast): 8/9cs. West Devon Borough Council: 2iiz.

Se ha hecho un gran esfuerzo por señalar a los tenedores de derechos y nos disculpamos de antemano por cualquier omisión involuntaria. Será de nuestro agrado insertar los créditos apropiados en cualquier edición subsecuente a esta publicación.